|← **abseits**|der Schlachtfelder

Till Mayer

© 2010 Erich Weiß Verlag, Bamberg
Alle Rechte vorbehalten
Texte und Fotos: Till Mayer, www.tillmayer.de
Gestaltung und Satz: Christian Seuling, www.ling-kd.de
Korrektorat: Margarete Fischer
Lektorat: Christiane Hartleitner M.A.
Druck: Druckhaus Thomas Müntzer, Bad Langensalza
Printed in Germany
ISBN 978-3-940821-07-2
www.erich-weiss-verlag.de

Inhaltsverzeichnis

Die Grundsätze des Roten Kreuzes und Roten Halbmonds

Menschlichkeit

Die Internationale Rotkreuz- und Rothalbmondbewegung, entstanden aus dem Willen, den Verwundeten der Schlachtfelder unterschiedslos Hilfe zu leisten, bemüht sich in ihrer internationalen und nationalen Tätigkeit, menschliches Leiden überall und jederzeit zu verhüten und zu lindern. Sie ist bestrebt, Leben und Gesundheit zu schützen und der Würde des Menschen Achtung zu verschaffen. Sie fördert gegenseitiges Verständnis, Freundschaft, Zusammenarbeit und einen dauerhaften Frieden unter allen Völkern.

Unparteilichkeit

Die Rotkreuz- und Rothalbmondbewegung unterscheidet nicht nach Nationalität, Rasse, Religion, sozialer Stellung oder politischer Überzeugung. Sie ist einzig bemüht, den Menschen nach dem Maß ihrer Not zu helfen und dabei den dringendsten Fällen den Vorrang zu geben.

Neutralität

Um sich das Vertrauen aller zu bewahren, enthält sich die Rotkreuz- und Rothalbmondbewegung der Teilnahme an Feindseligkeiten wie auch, zu jeder Zeit, an politischen, rassischen, religiösen oder ideologischen Auseinandersetzungen.

Unabhängigkeit

Die Rotkreuz- und Rothalbmondbewegung ist unabhängig. Wenn auch die Nationalen Gesellschaften den Behörden bei deren humanitären Tätigkeit als Hilfsgesellschaften zur Seite stehen und den jeweiligen Landesgesetzen unterworfen sind, müssen sie dennoch eine Eigenständigkeit bewahren, die ihnen gestattet, jederzeit nach den Grundsätzen der Rotkreuz- und Rothalbmondbewegung zu handeln.

Freiwilligkeit

Die Rotkreuz- und Rothalbmondbewegung verkörpert freiwillige und uneigennützige Hilfe ohne jedes Gewinnstreben.

Einheit

In jedem Land kann es nur eine einzige Nationale Rotkreuz- und Rothalbmondgesellschaft geben. Sie muss allen offen stehen und ihre humanitäre Tätigkeit im ganzen Gebiet ausüben.

Universalität

Die Rotkreuz- und Rothalbmondbewegung ist weltumfassend. In ihr haben alle Nationalen Gesellschaften gleiche Rechte und die Pflicht, einander zu helfen.

Vorwort

„Abseits der Schlachtfelder" zeigt Schicksale von Menschen, deren Lebensweichen der Krieg für immer gestellt hat. „Abseits der Schlachtfelder" ist dabei räumlich und zeitlich zu verstehen: Gestorben und gelitten wird in Kriegen nicht nur dort, wo Kampfhandlungen stattfinden und Bomben fallen. Oft sind es die Folgen eines Konflikts, die die meisten Todesopfer fordern. Der Mangel an sauberem Trinkwasser, Medikamenten und ausreichender Nahrung zum Beispiel kostet Tausenden von Kleinkindern, Kranken und alten Menschen das Leben. Gestorben wird hier leise: Schicksale, die kaum in der Berichterstattung der westlichen Medien auftauchen.

Kriege hinterlassen ein Heer von Versehrten: Menschen, die auf Krücken und mit Prothesen in einer zerstörten Umwelt versuchen, ihr Leben zu meistern. Die sich auf eine Zukunft voller Barrieren und mit wenig Perspektiven einrichten müssen.

Zeit heilt nicht alle Wunden: Krieg zerfrisst Seelen. Er raubt Mütter, Väter, Töchter und Söhne. Er lässt Menschen verrohen, bringt sie dazu, zu töten. Er hinterlässt Traumen, die lebenslang prägen. Auch wenn die Waffen seit Jahrzehnten schweigen, müssen Opfer weiter mit einem Krieg kämpfen, der in ihnen selbst wütet. Ihren Lebensmut Tag für Tag in Frage stellt. Krieg bringt vor allem eines hervor: Verlierer.

Die Genfer Konventionen, das Humanitäre Völkerrecht, versprechen Schutz und Würde. Sie stehen für etwas, das auch im Krieg nie verloren gehen darf: die Menschlichkeit. 194 Staaten haben die Genfer Abkommen von 1949 unterzeichnet. Doch nur, wenn ein öffentliches Bewusstsein für ihre Notwendigkeit vorhanden ist und diese vehement eingefordert werden, können die Konventionen umfassend schützen und erweitert werden.

Dafür wollen wir vom Bayerischen Roten Kreuz uns engagieren. Denn der Einsatz für das Humanitäre Völkerrecht ist ureigenste Aufgabe des Roten Kreuzes.

Der Autor des Buches stammt aus unseren Reihen: Der Bamberger Till Mayer arbeitet seit mehr als 15 Jahren als Journalist und Fotograf eng mit dem Roten Kreuz und Roten Halbmond zusammen und berichtet aus zahlreichen Kriegs- und Katastrophengebieten. Seine Einsätze als Delegierter des Internationalen bzw. Deutschen Roten Kreuzes dauerten oft Monate. Seine Reportagen und Bilder, aus den Jahren 1996 bis 2010, erinnern an die Schicksale von Menschen, die dem Krieg im Alltagsleben mutig und tapfer die Stirn bieten. Lebenslinien, die im Mainstream der Kriegsberichterstattung nur allzu leicht in Vergessenheit geraten. Schicksale, die uns als Rotes Kreuz aber vor große Herausforderungen stellen.

Christa v. Thurn Taxis

Christa Prinzessin von Thurn und Taxis

**Präsidentin
des Bayerischen Roten Kreuzes**

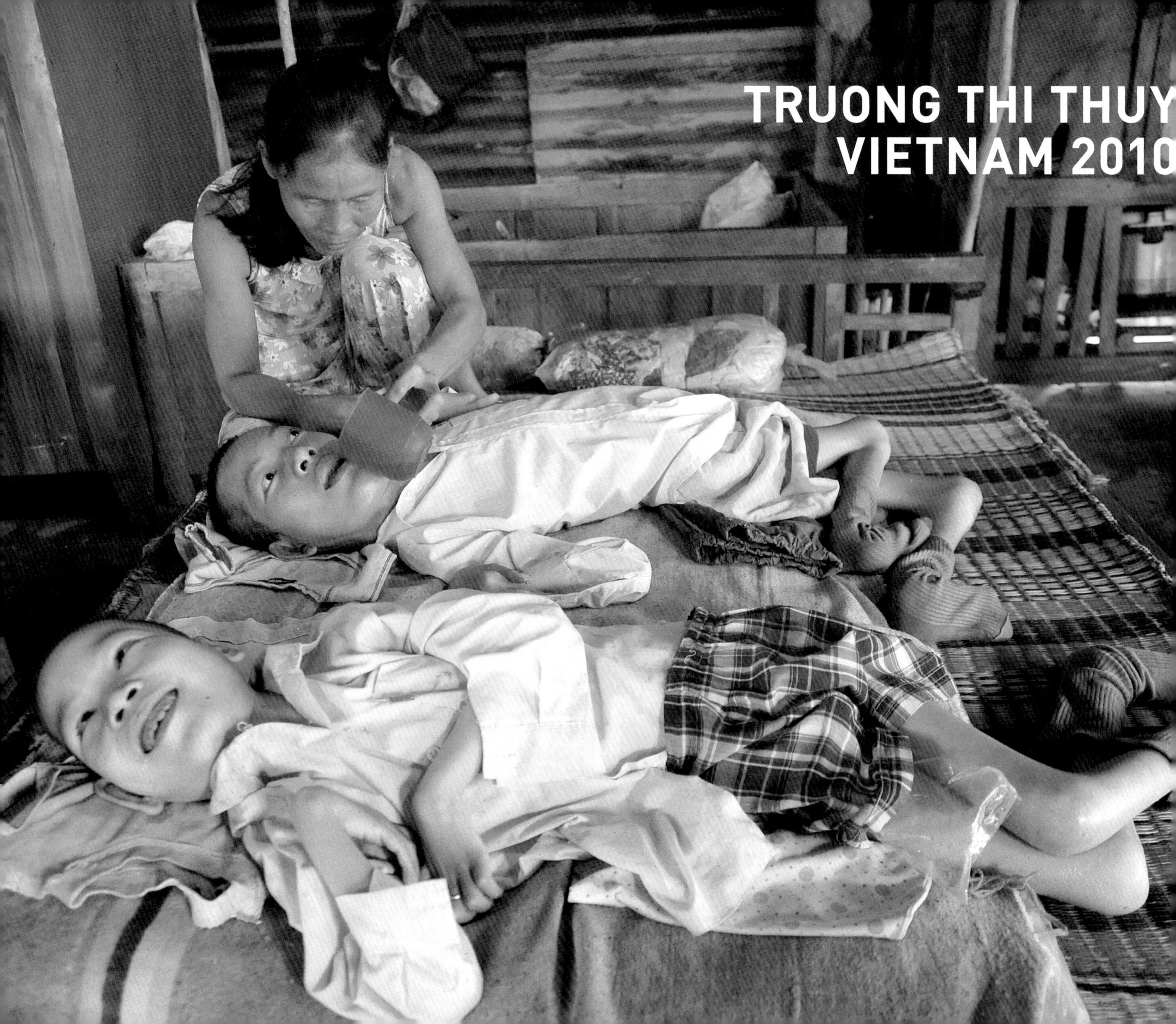
TRUONG THI THUY
VIETNAM 2010

VIETNAM

„Glück ist für mich, wenn meine Kinder
wenigstens eine Zeit lang nicht erkranken.
Wenn ich mich neben der Feldarbeit um sie
kümmern kann."

Mit dioxinhaltigen Herbiziden wollten die US-amerikanischen Streitkräfte während des Vietnam-Krieges den Urwald entlauben und so den nordvietnamesischen Verbänden die Rückzugsmöglichkeiten nehmen. Zurück bleibt Jahrzehnte nach Kriegsende ein Heer von schwerstbehinderten Agent Orange-Opfern. Drei Millionen Menschen, nimmt das Vietnamesische Rote Kreuz an, sind Agent Orange-Opfer. Die humanitäre Organisation geht davon aus, dass sich darunter 150.000 Kinder mit genetischen Defekten befinden. Mittlerweile ist die dritte Generation betroffen. Meist sind es Familien, die am Aufschwung des Landes wenig teilhaben: arme Bauern in entlegenen Dörfern, den ehemaligen Kampfgebieten. Sie sorgen sich um die Zukunft ihrer Kinder. So wie Truong Thi Thuy, 50 Jahre: Sie brachte vier Kinder mit Behinderungen zur Welt – mutmaßliche Agent Orange-Opfer.

Frau Thuys Erklärung für Glück ist so einfach, dass sie schmerzt. „Glück", sagt sie, „Glück ist für mich, wenn meine Kinder wenigstens eine Zeit lang nicht erkranken. Wenn ich mich neben der Feldarbeit um sie kümmern kann." Dann führt sie den roten Becher an Nguyen Huu Vongs Lippen und senkt den Blick.

Es ist dämmrig in der Hütte. Durch die offene Tür sieht man die angrenzenden Reisfelder, den nahen Dschungel. Für Nguyen Huu Vong unerreichbar. Eine Welt, die er jeden Tag durch die Türe beobachtet. Er hört, wenn der Regen auf das Dach prasselt, sich binnen Sekunden alles vor der Türe in ein tönendes, nasses und undurchdringliches Grau verwandelt. Er sieht, wenn die Sonne auf den Wald brennt, und die Bananenstauden fast im gleißenden Licht verschwinden. Sich sein Vater mit dem Ochsen durch die schlammigen Felder müht. Bis das Abendrot der Dunkelheit Platz macht.

Das alles liegt nur wenige Meter entfernt. Der 23-Jährige kann nicht einmal seine Hand in Richtung Türe ausstrecken. Seine Arme und Beine sind dünn wie Stecken, die Knochen krumm gewachsen, der Kopf riesig, die Füße bizarr verdreht. Sein Körper wirkt zerbrechlich, als wäre er aus Glas. Neben ihm liegt sein 16-Jähriger Bruder Nguyen Huu Xuyen. Beide sehen fast aus, als wären sie Zwillinge. Ihre Welt ist klein: eine Holzpritsche, vielleicht 1,70 mal 2 Meter groß, mit einigen Kissen, einer Bastmatte und Decken. Nur drei Schritte sind es bis zur offenen Tür.

Bei der Pflege mutmaßlicher Agent
Orange-Opfer stoßen viele Familien
an ihre Belastungsgrenzen.
(Seiten 9 und 10)

Sechs Kindern hat Frau Truong Thi Thuy das Leben geschenkt, vier davon kamen mit Behinderungen zur Welt. Eines ist schon gestorben, eine weitere Tochter „versteht nicht so schnell", wie die 50-Jährige es ausdrückt.

Und dann sind da ihre beiden Söhne, die eigentlich Pflege rund um die Uhr bedürfen. Die durch ihr schwaches Immunsystem besonders anfällig für Krankheiten sind. Wenn Frau Truong Thi Thuy nur genügend Zeit für ihre Kinder finden würde. Wenn sie nicht oft zwölf bis 14 Stunden am Tag auf dem Feld rackern müsste.

Im Heimatdorf der Familie ist die Neuzeit noch nicht angekommen. Hoi Lam heißt die Ansammlung von Hütten und kleinen Bauernkaten, zu der sich je nach Jahreszeit ein staubiger oder schlammiger Weg durch den Dschungel schlängelt.

Hoi Lam liegt im satten Grün. Doch die Natur ist erst seit Mitte der 1980er Jahre wiedergekehrt. Davor ragten kahle Baumstämme wie schwarze Pfähle in den Himmel. Hoi Lam lag in einer Kampfzone des Vietnam-Krieges und über das Dorf und seine Umgebung donnerten die Bomber. „Sie kamen jahrelang und sprühten ihr Gift", sagt Frau Truong Thi Thuy. Sie muss weiter mit den Folgen eines Krieges kämpfen, in dem bereits seit 35 Jahren die Waffen schweigen, doch der für sie nie enden wird.

Frau Truong Thi Thuys Söhne haben ausgetrunken, die 50-Jährige stellt den roten Becher zur Seite. Streichelt mit der Hand die Wangen ihrer Söhne. Die lächeln ihre Mutter an. „Es ist traurig. So viele Jahre nach dem Krieg haben unsere jungen Frauen immer noch Angst, Kinder mit Missbildungen auf die Welt zu bringen", meint die Bäuerin.

Zukunft und Vergangenheit, das hat Frau Truong Thi Thuy schmerzhaft gelernt, können oft nicht voneinander lassen. „Was wird aus meinen behinderten Kindern, wenn mein Mann und ich eines Tages nicht mehr sind? Oder wenn wir zu alt sind, um uns um sie zu kümmern? Was dann?", fragt die Bäuerin, ihre Stimme zittert.

Sie dreht sich ein Stück weg. Zur Wand hin, wo das Licht von der Türe an Kraft verliert und niemand ihr Gesicht sieht. Ihre rechte Hand liegt auf der Schulter ihres Sohnes, sie wird kurz zur Faust.

Nguyen Huu Vong blickt weiter auf die Türe, durch die er nie gehen kann. Sie beginnt zu verschwimmen. Nguyen Huu Vong kann sich seine Tränen nicht aus den Augen wischen.

MOHAMED BARKADLE
ÄTHIOPIEN 2000

ÄTHIOPIEN

„Was kann es für einen Vater
Schlimmeres geben, als sein eigenes
Kind sterben zu sehen?"

Bürgerkriege und Konflikte haben jahrzehntelang die Entwicklung Äthiopiens gebremst. Die hohen Ausgaben für eine schlagkräftige Armee fehlen im zivilen Bereich. Selbst bei der Katastrophen-Vorsorge sind die Mittel nicht ausreichend vorhanden. Ein Grund, warum Dürren viele Menschenleben fordern. So wie im Jahr 2000, als im Ogaden zum vierten Mal in Folge die Regenzeit ausblieb und vor allem unzählige Kinder, Alte und Kranke die Strapazen nicht überlebten. Laut UN-Welternährungsprogramm waren zu diesem Zeitpunkt acht Millionen Menschen in Äthiopien vom Hunger bedroht. Und an der Grenze zu Eritrea wütete ein blutiger Konflikt mit dem Nachbarland.

Im Sand knirschen die Spaten. Drei Totengräber verschwinden in einer braun-roten Staubwolke. Seit Wochen haben sie viel zu tun. Auch wenn die Gräber oft klein sind, die sie schaufeln. Keine 1,20 Meter in der Länge. Kinder werden darin begraben – mit Armen und Beinen dünn wie Stecken.

Mit Köpfen, die viel zu wuchtig wirken im Vergleich zu den abgemagerten Körpern. In Stoffbahnen eingewickelt übergibt man sie dem Erdreich. Kinder, Kranke und Alte gehören zu den ersten Opfern einer Dürre. Ohne Nahrung wird der Körper schwach und anfällig für Krankheiten. Eine Durchfallerkrankung kann den Tod bedeuten.

Ahmed, der Totengräber, ist müde vom Schaufeln. Von seiner Stirn rinnt der Schweiß. „Ich weiß nicht, was passiert, wenn nicht bald die Regenzeit einsetzt. Alles ist trocken wie Sand", klagt der Totengräber.

Einige Meter weiter sitzt Mohamed Barkadle und versucht zu begreifen, dass er Abschied nehmen muss. Eben hat er seinen sechsjährigen Sohn begraben. Morgen könnte sein Vierjähriger folgen, fürchtet er.

Der Junge ist unterernährt, scheint nur noch aus Haut und Knochen zu bestehen. Barkadle sitzt am Rand der Gräber, im Gebet versunken. Leise murmelt er Koransuren, während die Sonne sinkt. Bald wird sie alles in ein mildes Licht getaucht haben: die ausgedörrte Erde und Bäume, die die kahlen Äste in den Himmel strecken.

Der Familienvater hat fast seinen ganzen Besitz verloren. Seine Herde hat die Dürre dahingerafft. Die Tiere sind eines nach dem anderen zusammengebrochen und nicht mehr aufgestanden. Ein paar Ziegen haben überlebt.

Mit seiner Familie strandete der Nomade am Rand von Denan, eine Kleinstadt in Ogaden. Dort, wo die windschiefen Lehmhütten der Steppe Platz machen und sich die staubigen Wege in Trampelpfade verwandeln. Tausende haben hier Zuflucht gesucht – in der Hoffnung, von den Hilfsorganisationen versorgt zu werden. Barkadles Familie hat einen großen Sack „Unimix" erhalten, ein Gemisch aus Soja und Mais bzw. Sorghum. Dazu einen Kanister mit Speiseöl. Mohamed Barkadle hofft, dass zumindest für seinen Jüngsten die Hilfe nicht zu spät ist.

Der Nomade hat das Gebet beendet. Er hat Angst, wieder zu dem Verhau aus Ästen und einer Plastikplane zurückzukehren, in dem seine Familie haust. In die Augen seines kleinen Sohnes zu blicken, die so ernst und müde sind. Augenblicke, in denen es dem Vater schier das Herz zerreißt. So unfassbar ist sein Schmerz.

Mohamed Barkadle macht sich auf den Weg vom Grab weg. Jeder Schritt fällt ihm schwer. „Mein Sohn war so tapfer, er hat den Hunger ertragen. Was kann es für einen Vater Schlimmeres geben, als sein eigenes Kind sterben zu sehen?"

Bald wird es dunkel sein. Dann wird es kaum mehr auffallen, dass die vielen, kleinen Hügel aus Steinen, Geröll und Erde Gräber sind. Mohamed Barkadle wird wach liegen, an seinen verstorbenen Sohn denken, für seinen Vierjährigen beten und sich den Kopf zerbrechen, wie er seine Familie retten kann. Alles, was er noch besitzt sind zerbeulte Blechteller, eine rußige Wasserkanne und ein paar Ziegen.

Im Jahr 2000 forderte eine Dürre in Äthiopien viele Opfer.
(Seiten 15 bis 17)

ANDREAS KERNER
DEUTSCHLAND 2010

DEUTSCHLAND

„1943 habe ich meinen Vater zum letzten Mal gesehen. Fronturlaub zu Heiligabend. Beim Abschied hatte er Tränen in den Augen. Er hat mir mein ganzes Leben lang gefehlt."

kehrte. Zeilen, die seiner Mutter das Herz brechen, doch die quälende Ungewissheit beenden. Dass sein Vater auf dem Lagerfriedhof beerdigt wurde, das hatte der Kamerad mitgeteilt.

Andreas Kerner war das nicht genug. Darum forschte er, trug einen ganzen Aktenordner an Korrespondenz zusammen. Und bleibt so seinem verstorbenen Vater nahe. Dem Mann, den er 1943 an Heiligabend zum letzten Mal gesehen hat. Wie ein Hüne muss dem 12-Jährigen Andreas damals sein Vater vorgekommen sein, im Feldgrau der Wehrmacht mit klobigen Stiefeln. Der Fronturlauber drückte seine Frau und seine beiden Kinder zum Abschied fest. Andreas Kerner sah die Traurigkeit in den Augen des Vaters. Dann fuhr die Kutsche zum Bahnhof.

„Es hatte immer etwas gefehlt", sagt Andreas Kerner über sein Leben ohne einen Vater. Er hatte keinen Vater, der bei Firmung und Hochzeit dabei ist. Der stolz auf ihn ist, weil er so fleißig arbeitet. Der Sicherheit gibt in der traurigen und armseligen Nachkriegszeit. Der ihm Vorbild ist auf dem Weg ins Erwachsenenleben. Der hilft herauszufinden, was richtig und was falsch im Leben ist.

Kaum 19 Jahre ist er alt, da führt er den väterlichen Betrieb, ist längst der „Mann" im Haus. Der junge Steinmetz muss schnell erwachsen werden. Er gibt seiner Mutter Trost, die den Tod ihres Mannes nur schwer verkraftet. Wäre

sein Vater stolz auf ihn? Sicherlich. Andreas Kerner hat viel erreicht. Das Geschäft ausgebaut, eine Familie gegründet. Aber ein Lob von seinem Vater, „der zwar ein strenger, aber guter Mann war", hörte er nie. Es hätte ihm so viel bedeutet.

Quadrat N4, Grab N14, Friedhof für Kriegsgefangene der Lagerabteilung N4 des Lagers N144. Erst Ende 2008 erfuhr Andreas Kerner die genauen Daten zur letzten Ruhestätte seines Vaters. Auf einer Karte zeigt er die Stelle. Die Zahlen haben ihm etwas Erleichterung gebracht. Ob er im hohen Alter ein Kapitel seines Lebens schließen kann? Als er aufblickt hat er Tränen in den Augen.

Erst im Jahr 2008 erfährt Andreas Kerner nach langer Suche die genaue Lage der letzten Ruhestätte seines Vaters (Seiten 21 und 23).

In Kriegen kommt der Tod oft leiser als durch die Detonationen von Bomben und das Gebrüll der Artillerie. Ein jahrelanges Embargo, Bombardements sowie die Auswirkungen blutiger Kriege und Konflikte haben im Irak unübersehbare Folgen für das einstige Vorzeige-Gesundheitssystem der Region. Aufgrund der instabilen Sicherheitslage und fehlender wirtschaftlicher Perspektiven verlässt seit 2003 mehr als die Hälfte der registrierten Ärzte das Land. Bereits vor dem Irak-Krieg starb eines von acht irakischen Kindern vor seinem fünften Geburtstag. Ammar Yusef muss im Sommer 2003 sein Neugeborenes zu Grabe tragen.

Ammar Yusef schaut auf seine Hände. Auf die Schwielen, auf die raue und rissige Haut, aus der er abends das Öl nicht mehr waschen kann. Auf seine Fingernägel, die schwarz geworden sind. „Mit diesen Händen", sagt der 36-Jährige, „konnte ich meine Familie immer ernähren."

Aus dem ganzen Viertel kamen seine Kunden, brachten ihre Ventilatoren, Radios und Kühlschränke zur Reparatur. Ammar Yusef fiel immer etwas ein, wenn Ersatzteile fehlten. Arbeit war genug da. Vom Sonnenaufgang bis zum Sonnenuntergang. Der Verdienst reichte zum Überleben.

Zerstörungen in Bagdad im Jahr 2003. Eisblöcke sind begehrt: Durch die Stromausfälle arbeiten die Klimaanlagen und Ventilatoren nicht mehr. In der Stadt herrscht im Sommer eine drückende Hitze.

Der Mangel an Trinkwasser führt zu Durchfallerkrankungen, die Mangelernährung zu geschwächten Körpern, die einer Krankheit wenig entgegensetzen können. An den Folgen von Konflikten sterben oft mehr Menschen als durch die Kampfhandlungen selbst (Seite 27).

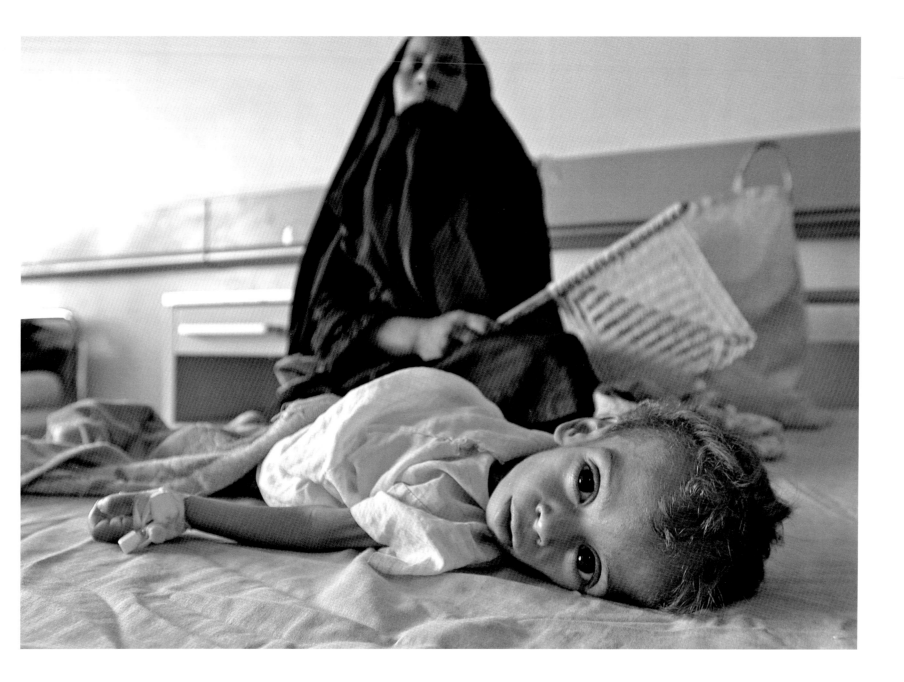

Der Gang in seine Werkstatt gleicht heute einem hilflosen Ritual. Wenn früh am Morgen die Sonne ein mildes Licht auf das armselige Al Washash-Viertel von Bagdad wirft, dreht der Handwerker den Schlüssel im Schloss. Die rostige Eisentür zu seiner Werkstatt öffnet sich mit lautem Knarzen, gibt den Blick frei auf eine Reihe verstaubter Geräte: das Ersatzteillager.

„Meine Kunden bleiben aus. Niemand hat mehr Arbeit seit dem Krieg. Niemand hat mehr Geld, seine Geräte zur Reparatur zu bringen. Und wann haben wir schon Strom im Viertel?", sagt Ammar Yusef und blickt auf die staubige Gasse vor sich. Hofft, dass doch ein Kunde um die Ecke biegt, mit seinem Auto einen alten zerbeulten Kühlschrank abliefert.

„Ich weiß nicht, wie ich meine Familie ernähren soll", meint der 36-Jährige. Nachdem die Bombardements vorüber waren, dachte der Familienvater, dass alles besser würde.

Es kam anders, es kam das Chaos. Nachts hört die Familie Schießereien, versetzen bewaffnete Räuber die Bewohner in Angst und Schrecken. „Auch bei uns im Viertel haben sie schon zugeschlagen", berichtet der 36-Jährige. Dann die Attentate …

Bei den Yusefs könnten Räuber schwer Beute machen. Ein altes Bettgestell, Matratzen, rußige Töpfe und einen alten Gaskocher, mehr bieten die zwei Zimmer nicht, die seine achtköpfige Familie bewohnt. Angst hat die Familie trotzdem.

Das Wertvollste nahm eine Durchfallerkrankung. Seine Frau brachte vor wenigen Monaten Zwillinge auf die Welt. Bald musste er ein Kind zu Grabe tragen. Die Hitze, Mangelernährung, verunreinigtes Trinkwasser – oder alles drei zusammen. Ammar Yusef wird nie erfahren, was der Auslöser für die Erkrankung war. Aber er fühlte sich machtlos wie noch nie in seinem Leben.

„Wir kochen unser Wasser ab – wenn es geht", sagt der 36-Jährige. Doch es gibt Zeiten, da hat der Familienvater nicht einmal das Geld für die Füllung der Gasflasche.

Nicht zu reden von den umgerechnet 40 Dollar für die Miete. Auch nicht für die Medikamente, die er zur Regulierung seines Blutdrucks bräuchte.

Heute kommen wieder zu wenig Kunden in seine kleine Werkstatt. Wie wird er das seiner Frau erklären? Abends werden seine Kinder wieder hungrig ins Bett gehen müssen.

„Vielleicht bekommen wir Lebensmittel von einer Hilfsorganisation", murmelt Ammar Yusef. Der 36-Jährige blickt auf seine beiden Hände. Sie sind ölig, schwielig – und davor hat Ammar Yusef Angst: nutzlos.

Die Bewohner von Bagdad leiden unter der schlechten Sicherheitslage.

SADAE KASAOKA
JAPAN 2010

JAPAN

„Ich wünsche mir, dass niemand mehr
so ein Schicksal erleiden muss,
wie einst die Menschen von Hiroshima.“

Am 6. August 1945 kam erstmals eine Waffe zum Einsatz, die alles Leben auf der Erde auslöschen kann: die Atombombe. „Little Boy" wurde von einem Flugzeug der US-Airforce über Hiroshima ausgeklinkt. Zehntausende Menschen starben in unmittelbarer Folge, als die Bombe in 580 Metern Höhe über einem Krankenhaus zündete. Ein Feuersturm tobte über Straßen, Häuser, Bäume und Menschen. Durch die Kontaminierung und Folgen der Brandverletzungen stieg bis Jahresende 1945 die Zahl der Toten auf schätzungsweise 140.000 Frauen, Kinder und Männer.

Bis heute sterben „Hibakushas", die A-Bombenüberlebenden, an Krebserkrankungen. Im Opfer-Register sind weit über 260.000 Namen zu finden. Darunter Namen, die für Sadae Kasaoka für geliebte Menschen stehen. Sie hat ihre Mutter, ihren Vater und ihren Mann verloren.

Frau Sadae Kasaokas Ort des Erinnerns ist unscheinbar. Nicht so beeindruckend wie das „Friedensdenkmal" im Herzen der Stadt, dessen Kuppel aus Stahlträgern Ehrfurcht lehrt. Nicht so ergreifend wie der grasbewachsene Hügel im „Peace Memorial Park", der die Asche von zehntausenden Menschen in sich birgt.

Es ist ein Flussabschnitt mit hohen Dämmen links und rechts. Dahinter reihen sich Hochhäuser in Reih und Glied mit einem schmalen Grünstreifen und Asphalt zwischen sich und dem Wasser. Frau Kasaoka kann nicht einmal mit Sicherheit sagen, ob dies der richtige Ort zum Erinnern ist. Verloren steht sie auf dem Damm, blickt ihn entlang, auf der Suche

nach einem Zeichen aus der Vergangenheit. Sie kann keines entdecken. Ein Nachbar will hier ihre Mutter zuletzt gesehen haben, am 6. August 1945, nachdem die Bombe auf ihre Heimatstadt fiel. Ein gigantischer Feuersturm brauste über das Stadtzentrum. Die Frau muss schwerste Verbrennungen erlitten haben. Sie befand sich nahe des Hypozentrums. In dem Chaos nach der Explosion wurde sie von ihrem Mann getrennt.

„Ohne jedes Wissen, was aus ihrem Mann und ihren Kindern geworden ist. Nicht Abschied nehmen zu können, wie muss das meine Mutter gequält haben. Mir selber tut es weh, wann immer ich daran denke", erklärt Frau Kasaoka. Es sind Augenblicke der Erinnerung, in

denen Frau Kasaoka meint, ihre Brust müsse zerspringen. Erstaunlich, wie viel Schmerz dort Platz findet.

Frau Kasaoka hatte nicht die geringste Chance, ihre Mutter zu finden. Sie musste sich um ihren Vater kümmern, der bis zur Unkenntlichkeit verbrannt war. Ihr älterer Bruder brachte ihn auf einer Schubkarre zum schwer beschädigten Haus der Familie. „Hätte ich nicht seine Stimme gehört, ich hätte meinen eigenen Vater nicht erkannt. Sein Gesicht war völlig geschwollen, seine Kleidung verbrannt, sein Köper schwarz und glänzend", erinnert sich die alte Dame heute. Ihr Bruder hatte die ganze Stadt abgesucht, um auch die Mutter zu finden. Soweit es im Chaos ging, soweit es die Flammen zuließen. Das Feuer, das nicht aufhörte zu brennen, bevor das ganze Stadtzentrum eingeäschert war.

Als die Bombe explodierte, stand die junge Sadae nahe des Fensters ihres Elternhauses, 3,8 Kilometer vom Hypozentrum entfernt. Durch Zufall hatte sie einen Tag vom Arbeitsdienst frei. „Das Glas des Fensters färbte sich in ein tiefes Rot, nein, es war eine Mischung aus Orange und dem Licht der aufgehenden Sonne. Dann barst das Fenster", erklärt die 78-Jährige. Es grenzt an ein Wunder, dass die damals 13-Jährige Sadae nur einige Schnittwunden erhält.

Die Verbrennungen ihres Vaters gehen dagegen tief. Löst sich die verkohlte Haut, sieht darunter das rote Fleisch hervor. „Es war ein schrecklicher Anblick. Es stank, die Fliegen kamen und setzten sich auf die Wunden. Bald begannen die Maden darin zu kriechen", sagt Frau Kasaoka. Ihr Vater ist bei Bewusstsein, fragt nach seiner Frau, bittet immer wieder um Wasser. Doch in der Stadt wird gesagt, man darf den „Verbrannten" nichts zu Trinken geben, weil sie sonst sterben. „Das war Unsinn. Bis heute bedauere ich, ihm nichts gegeben zu haben. Wie hat er deswegen noch leiden müssen."

Am 8. August stirbt Frau Kasaokas Vater. Den Leichnam verbrennen sie am Strand mit Holz, das sie aus Ruinen ziehen. Links und rechts von ihnen steigt weiterer Rauch auf. Der Tod riecht nach verbranntem Fleisch. Wenig später erfahren sie vom Schicksal ihrer Mutter. Sie wurde auf die vorgelagerte Insel Ninoshima evakuiert. Dort steht der Name der Gesuchten auf einer Liste. Sie starb am selben Tag wie ihr Mann. Sadaes Bruder brachte Asche und Haare von der Insel mit. Die Asche ist vermengt mit der von unzähligen anderen, die gleichzeitig auf dem Scheiterhaufen verbrannt wurden.

Für Sadae geht das letzte Stück ihrer alten Welt unter. Im Jahr darauf bekommt das Mädchen einen Hautausschlag, dann drei schwarze Einbuchtungen in ihrem Arm, die für Monate nicht heilen. Sie hat Angst, wie so viele andere zu sterben. Denn die Überlebenden begreifen, dass es nicht nur das Feuer vom Himmel war, das ihnen das Leben und

die Kraft raubt. Die Spuren auf der Haut verschwinden, aber sie leidet weiter an Blutarmut. Andere Wunden vernarben nur langsam. Das junge Mädchen vermisst ihre Eltern. Sadaes Jugend ist freudlos, ein Trümmerfeld wie ihre Heimatstadt. Sie wohnt bei ihren Großeltern, absolviert die Oberschule und bleibt in ihrer Stadt.

Wo hätte sie sonst auch hingehen können? „Hibakusha" werden im Nachkriegsjapan

bedauert, aber nur ungern in Firmen eingestellt. „Wer die Bombe überlebt hat, der galt als besonders anfällig für Krankheiten. Es ist traurig, das sagen zu müssen, aber wir wurden regelrecht diskriminiert", berichtet Frau Kasaoka. „Für Männer war ich als Hibakusha als Ehefrau inakzeptabel, ein Mensch mit Makel."

Endlich kommt wieder Glück in das Leben der jungen Frau. Mit 25 Jahren heiratet sie. Das Paar bekommt zwei Kinder. Eine kleine Familie, manchmal denkt Frau Kasaoka vor Stolz, ihr Herz müsste zerspringen. Ihr Mann ist wie sie ein Hibakusha. Mit 35 Jahren stirbt er an Krebs. Vermutlich Spätfolgen der Strahlung. Frau Kasaoka kommt an das Ende ihres Berichts. Sie muss sich noch einmal sammeln. „Ich habe lange gebraucht, bis ich mich vor wenigen Jahren entschlossen habe, meine Geschichte weiterzugeben. Es schmerzt sie zu erzählen, aber es ist wichtig, dass es jeder hört: Die Atombombe ist die Ausgeburt des Bösen."

Ihr Handy klingelt. Ihr jüngerer Bruder ist am anderen Ende der Verbindung. Eine kurze Diskussion. „Wissen Sie, mein Bruder sagt, unsere Mutter kann niemals an diesem Flussabschnitt gelegen haben. Weil es von hier keine Evakuierungen nach Ninoshima gegeben haben soll. Er nennt einen anderen Ort. Aber ich kann es fühlen. Sie war hier und hat auf dieses Wasser geblickt und an uns gedacht."

MAU SAUY
KAMBODSCHA 1996

KAMBODSCHA

„Ich wünsche mir, dass ich einen guten
Mann finde, der mich heiratet, auch wenn
ich kein rechtes Bein mehr habe."

In Kambodscha haben drei Jahrzehnte Krieg ein tödliches Erbe hinterlassen. Vier bis sechs Millionen Landminen hemmen bis heute die Entwicklung der Dörfer, die in den einstigen Kampfgebieten liegen. Die Gefahr lauert an Wegen, auf Feldern, in der Nähe von Schulen. 60 Minen explodieren Monat für Monat. Jedes dritte Opfer ist laut Unicef ein Kind. Kambodscha hält vermutlich einen traurigen Rekord: 35.000 Menschen haben durch Minenexplosionen Füße, Beine oder Arme verloren. Eine von ihnen ist Mau Sauy.

Mau Sauy ist ein hübsches Mädchen: dunkle Augen, schlank, mit einem zarten Gesicht. Durch das Fenster fällt Licht, ihr schwarzes Haar glänzt. Schon seit Minuten steht sie vor dem Spiegel und kämpft. Es ist ein stiller und leiser Kampf. Sie braucht Zeit, um ihren Blick zu heben und sich im Spiegel anzusehen.

Ihr Spiegelbild ist für die 16-Jährige noch immer unfassbar. Die Metallstange mit dem Gummifuß. Dort, wo noch vor kurzem ihr rechtes Bein war. Es gibt Augenblicke, in denen sie nicht glauben kann, dass es sie getroffen hat.

Rund um ihren Heimatort Damban gab es auch Minenunfälle. Versehrte Kinder hat sie gesehen. Einbeinig, wie sie jetzt. In der Regenzeit, wenn es tagaus, tagein wie aus Eimern gießt, schwemmt es die Sprengsätze in die Reisfelder. Aber was sollen die Bauern machen? Nicht mehr ihre Felder bestellen? Es ist schon so schwierig genug, die ganze Familie satt zu bekommen.

Vorsichtiger hätte Mau Sauy nicht sein können. Nur 100 Meter von der Hütte ihrer Familie in dem Dorf Damban entfernt, wächst das Schilf, das sie für das neue Dach schneiden soll. Sie klettert über geknickte Bambusrohre. Die Mine sieht sie nicht. Sie hört nur noch den dumpfen Knall, spürt den stechenden Schmerz.

Viele Kinder sind Opfer von Minenexplosionen.

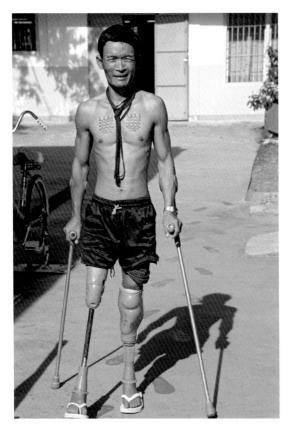

Die Tätowierungen auf der Brust hätten den ehemaligen Frontkämpfer vor Verletzungen „schützen" sollen.

Dann verliert sie die Besinnung. Als sie im Hospital aufwacht, gehört die 16-Jährige zum Heer der Minen-Versehrten. Die Ärzte haben ihr das Bein am Oberschenkel abnehmen müssen. Die äußeren Wunden sind inzwischen verheilt. In dem vom Internationalen Komitee vom Roten Kreuz (IKRK) unterstützten Ortho-Center in Battambang erhielt Mau Sauy eine Prothese. Jetzt übt sie die ersten Schritte mit dem künstlichen Bein. Der große Spiegel soll ihr helfen, das Gleichgewicht zu finden. Sieht sie sich darin, ist es erst einmal, als würde ihr der Boden unter den Füßen weggezogen.

Mau Sauy übt tapfer, Schritt für Schritt. Zuhause will sie wieder auf dem Feld arbeiten. Aber wie das gehen soll, mit der Prothese im Morast der Reisfelder, daran will sie nicht denken. Auch nicht an ihre Angst. „Irgendwann werde ich es schaffen", sagt Mau Sauy.

„Gut machst du das", ruft ihr ein anderer Patient zu. Er hat den durchtrainierten Körper eines Soldaten. Auf der Brust trägt er zwei Tätowierungen, die den Frontkämpfer vor Verletzungen hätten schützen sollen. Vergebens, er verlor beide Beine, als er auf eine Mine trat.

Jetzt übt er mit zwei Prothesen und Krücken. Kurz hebt er eine Krücke zum Gruß. Es wird ziemlich wackelig und der Ex-Soldat grinst dabei über beide Ohren. Mau Sauy sieht ihn im Spiegel und über ihr Gesicht huscht ein Lächeln.

Eine gefährliche Arbeit – das Entschärfen von Minen.

Seit über 60 Jahren kämpfen Angehörige des Volks der Karen für einen unabhängigen Staat gegen die myanmarischen Regierungstruppen. Teile der Aufständischen haben vor Jahren die Seiten gewechselt und streiten heute als Milizionäre auf Seiten der Armee. Der jahrzehntelange Konflikt hinterlässt Spuren. Tote, Verwundete, Versehrte und ein Gebiet, das sich über Jahrzehnte kaum entwickeln konnte. In dem Milizhospital von Kou Kou nahe der Grenze zu Thailand gibt es keinen ausgebildeten Arzt. Das erblindete Minenopfer Naing Htoo lauscht im Patientensaal täglich in eine finstere Zukunft hinein. Er ist 17 Jahre alt.

Die Überlebenschancen sind tödlich gering, wenn man durch ein Minenfeld hetzt. Dem Kameraden reißt es beide Beine ab. Naing Htoo verliert durch dieselbe Mine die linke Hand und Teile des Unterarms. Splitter verkrüppeln seine rechte Hand und hämmern sich in sein Gesicht. Dabei bleiben die Augen nicht verschont. Naing Htoo bekam für seinen ersten Einsatz ein Plastikauge, keinen Orden. Jetzt sitzt er aufrecht auf der Holzpritsche im Patientensaal. Stundenlang, mit steifem Rücken lauscht er angestrengt in seine eigene Dunkelheit. Naing Htoo ist gerade 17 Jahre alt.

Er war stolz, als er vor wenigen Monaten die Uniform tragen durfte. „Ich wollte immer Soldat sein. Schon als Kind. Stark sein und für mein Volk kämpfen", sagt er leise. Der Teenager spricht nicht viel. Gestern war seine Schwester mit ihrem kleinen Kind zu Besuch. Als Naing Htoo mit dem Kleinen spielt, lächelt er zum ersten Mal seit zwei Monaten. Die Freude, die über sein Gesicht huscht, ist nur flüchtig.

Vor zwei Monaten rückte er zu seinem ersten Kampfeinsatz in den Dschungel aus. Es war zugleich sein letzter. In der Miliz zu kämpfen, gilt als Ehre, sagt er. Was wäre die Alternative für ihn gewesen? Ein wehrloser und armer Bauer zu sein, wie so viele in seinem Dorf? Seit der Explosion lebt der Teenager in völliger Dunkelheit. Auf thailändischer Seite wurde ihm der Unterarm amputiert. Ein Auge durch ein Stück Plastik ersetzt.

Tag für Tag übt die Miliz-Kapelle nahe dem Hospital von Kou Kou. Nur wenn die Truppe ausrückt, wird es still.

Dann kam der Rücktransport in das Hospital der Miliz in Kou Kou. Jetzt lebt er in einem großen Patientensaal und versucht zu verstehen, was mit seinem Leben geschehen ist. Sich mit seinem rechten Arm eine Zukunft zu ertasten, die kaum Gutes verheißt.

Mit den richtigen Augentropfen, einer passenden Medikamentation, einer geeigneten Operation hätte Naing Htoos Augenlicht vielleicht gerettet werden können. Doch in dem Hospital gibt es keinen ausgebildeten Arzt.

Von den nahen Baracken der Miliz tönt es mit gewaltigem Blechgebläse scheppernd ins Krankenhaus hinüber. Die nächsten drei Stunden wird „Nehmt Abschied, Brüder, ungewiss" gnadenlos schräg und im straffen Marschtakt von der Militär-Kapelle intoniert. Der Marsch hallt durch die langgezogenen Schlafsäle und den weißgekachelten OP-Raum.

Ein anderes Minenopfer bewegt zwei Beinstümpfe im Takt auf und ab. Er lacht traurig. Nicht weit entfernt sitzt Naing Htoo und lässt die Schultern hängen. Nur ganz kurz, dann ist sein Rücken wieder gerade und steif. Er lauscht wieder in seine eigene Dunkelheit. Der Marsch ist nicht mehr seine Musik.

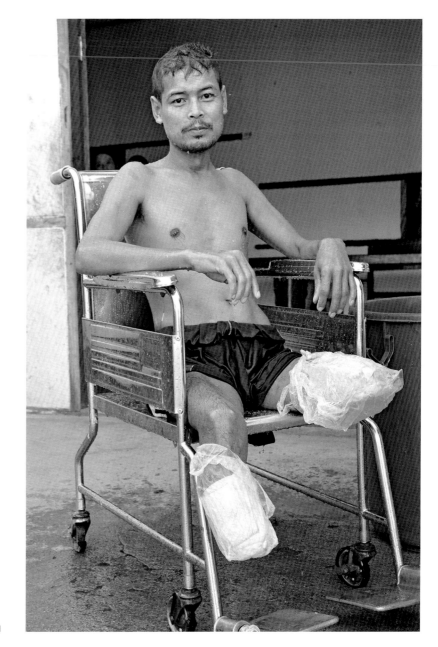

Ein Minenopfer im Hospital von Kou Kou

IBRAHIM HAMDAN
PALÄSTINENSISCHE
AUTONOMIEGEBIETE 2003

PALÄSTINENSISCHE AUTONOMIEGEBIETE

„Nachts höre ich immer wieder Schüsse. Sie machen mir Angst. Trotzdem lächle ich, sooft ich kann. Weil fröhlich sein ein bisschen Frieden ist."

Das Flüchtlingslager von Khan Yunis ist ein trauriger Ort. Seit über 60 Jahren beherbergt es zehntausende, aus dem heutigen Israel vertriebene beziehungsweise geflohene Familien, die hier eine Zuflucht, aber keine Heimat gefunden haben. Khan Yunis gilt als Hochburg der Hamas. Zivilisten leiden unter den Kampfhandlungen zwischen Milizen und den israelischen Sicherheitskräften. Ibrahim Hamdan ist auf den Rollstuhl angewiesen. Den Barrieren, die sich dem 13-Jährigen stellen, trotzt er mit einem Lächeln.

Einen kurzen Augenblick sieht Ibrahim Hamdan in die Augen des Kämpfers. Der hält siegessicher die Kalaschnikow, das Olivgrün der Uniform verblasst.

Seit Wochen begegnet der 13-Jährige jeden Morgen dem „Märtyrer", wenn er zusammen mit seinem Bruder die erste Barriere des Tages meistert. 25 Stufen führen von der Wohnung seiner Familie hinunter in die engen Gassen des Flüchtlingslagers Khan Yunis.

Die Treppe ist schmal, die Räder seines Rollstuhls kratzen an den Mauern. Unten wischt sich der 23-Jährige Bruder den Schweiß von der Stirn. „Du wirst immer schwerer, kleiner Bruder", grinst er. Der Junge im Rollstuhl lächelt und blickt schweigend auf das Plakat, das vor ihm auf der Wand klebt: der grimmige „Märtyrer". Umrahmt von Parolen der Hamas, mit bunter Farbe auf die grauen Zementwände gesprayt.

Jeden Schultag beginnt Ibrahim Hamdan mit einer mühsamen Rollstuhl-Fahrt durch das Flüchtlingslager. Viele Menschen wohnen in den hastig gebauten Häusern. Elf Mitglieder zählt allein die Familie des Teenagers. Drei spärlich eingerichtete Zimmer sind ihr Zuhause. Es fehlt an moderner Infrastruktur in dem Lager. Eine funktionierende Wasserleitung ins Haus, das ist Luxus. Alles ist eng, niedrig, schmal, staubig, grau, verwinkelt.

Ohne Hilfe könnte Ibrahim Hamdan nicht das Haus verlassen. Dann warten mit Schlaglöchern übersäte Straßen, holprige Wege und hohe Bordsteinkanten. Die Welt von Ibrahim Hamdan ist eine Welt voller Barrieren.

Sein Vater versucht als Tagelöhner auf der israelischen Seite ein paar Schekel zu verdienen. Jeden Morgen steht der Mann stundenlang am Checkpoint. Zwischen mächtigen Betonmauern und Stacheldraht. Oft vergebens. Die Grenzen werden immer undurchlässiger.

Ibrahim Hamdan und sein Bruder haben ihr Ziel erreicht: der „Al-Amal Komplex" des Palästinensischen Roten Halbmonds. Eine Einrichtung mit Schule, Ausbildungsstätte für soziale Berufe und Fördereinrichtung für junge Menschen mit Behinderung. Der Bau ist wie eine Burg der Sicherheit.

Der 13-Jährige liebt seine Schule. Die Klassenzimmer sind groß und lichtdurchflutet, die Zimmerdecken hoch. Er wird hier angenommen wie er ist, keiner tuschelt wegen seines Rollstuhls. Oder seines Kopfes, der viel zu groß für den schmächtigen Körper zu sein scheint. Ibrahim Hamdan setzt sein breitestes Lächeln auf, als er durch die Türe des Klassenzimmers rollt.

Heute ist kein friedlicher Tag. Das Radio berichtet vom Tod eines palästinensischen Kämpfers durch einen Hubschrauber-Angriff. Nur wenige Kilometer entfernt. Bald wird Ibrahim Hamdan dann ein neues „Märtyrer"-Plakat auf dem Schulweg sehen.

Nachts zuvor gab es wieder Schießereien. Die Mutter fürchtete sich. Der Teenager sah ihre Angst und lächelte ihr zu. Sein großer Bruder war mächtig stolz auf den tapferen Ibrahim.

Alltagsbilder aus dem
Gaza-Streifen.
(Seiten 47 und 49)

ONUFRIY DUDOK
UKRAINE 2009

UKRAINE

„Ich habe überlebt. Weil ich mehr bin als
die Nummer, die mir die SS in Auschwitz
in die Haut tätowieren ließ."

Ist der Stein zu klein, lädt einem der SS-Mann einen zusätzlichen, einen schweren auf. Ist der zu groß, kann das Gewicht tödlich sein. Zu viel Kraft für einen ausgemergelten Körper. Wer zu schwach ist, der wird im Krematorium zu Asche verbrannt.

Das erzählt Onufriy Dudok. Am Ende steht er auf: Die Arme am Körper und angewinkelt, den Rücken nach vorne gebeugt, den Blick auf den Boden seiner ärmlichen Wohnung gerichtet.

Onufriy Dudok ist kurz wieder zurück in der Hölle. Steht beim täglichen Appell im Winter. Mit der dünnen Häftlingsjacke bei Minusgraden. Mit nur einer Frage im Kopf: „Überlebe ich diesen Tag?"

Onufriy Dudok hat Tränen in den Augen. „Heute Nacht werde ich nicht schlafen können", sagt er zum Abschied. Vor dem Haus blicke ich die grauen Wände an der Mietskaserne aus sowjetischen Zeiten empor. Ich suche Dudoks Fenster. Es ist dunkel hinter der Scheibe. Der alte Mann hat das Licht ausgeschaltet. Er muss sparen. Die Nummer auf seinem Arm ist jetzt nicht mehr zu lesen. Aber er weiß, sie ist immer da. Sechs blaue Ziffern, die ihm seine Würde nehmen sollten.

Verarmte Rentnerin in der Ukraine.

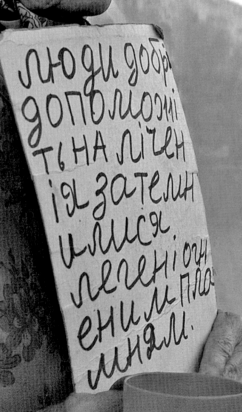

1971

MICHAEL JOSEPH KNOX
HOWARD JOHN BECKER JR.
JAMES ALBERT JOHNSON
RANDALL DAVID DALTON +
PAUL J. LUECKING

MICHAEL ALAN YOUNG
HAROLD ERWIN MYERS

JAMES ARTHUR HIGHSMITH
GARY GENE ZELLER
EDWARD JOSEPH ROOT JR.
JOHNNY HAROLD LAWRENCE
JOSEPH STANLEY SMITH +
MELVIN CARTER WHEELER JR.
JAMES PATRICK ALEXANDER
LEONARD JAMES TRUMBLAY
DENNIS EARL HAHN
GEORGE JAMES ORR
MIGUEL ALEJANDRO MONTES
GEORGE JEFFERSON VANGUARD
MICHAEL LEE BRUMMER
NORMAN OWEN CREECH JR.
STEPHEN ALAN SPENCER
JEFFREY CHARLES LEMON +
ANTHONY GEORGE RIETSCH
PAREE EVERETT STARNES

ANDREW MORLEY BORDES
TOMMY MIKE Mc CLEER
ROBERT BRUCE CURRAN
MARSHALL EDWARD NAFFZIGER
SANTOS CASTELLANOS JR.
DUANE CRUM
GARY LEE HOLIAN
JAMES JOSEPH WINSON
VIRGIL JAY BATES JR.

GEORGE RAY MORRISON
LARRY DEAN EHLERS
ROBERT FRANK HOJNACKI
JAMES FRANKLIN BISHOP
HERSHEL GALE ROGERS

1972

FERNANDO FIGUEROA
ROGER LEE PIERCE
MICHAEL JOHN WELCH

SCOTT NELSON JACOBSON

JAMES EDWARD WHITT +
LARRY BATTS
MELVIN ROSCOE GLEATON
ROBERT WALLACE BROWNLEE JR. +

HARRY ARLO AMESBURY JR.

JOSEPH MIKE BERKSON
TERENCE FRANCIS COURTNEY
THOMAS CARL WIDERQUIST
RICHARD RIDGE
CLARENCE L. ____ BERRY JR.
RICHARD SCOTT VOIGTS

MICHAEL JACOB KONOW
MICHAEL LOUIS HUTSON
WAYNE BIBBS +
RICHARD DENNIS WILEY

DONALD ARTHUR GERSTEL +
JOHN WILLIAM FREDERIC
ALAN PAUL AHLFIELD
MELVIN L. STEVE
KENNETH L. ____
TIMOTH

1973

ROBERT LEE FRAKES

ARTHUR RAY BOLLINGER
JAMES LELAND SCROGGINS

DONALD EUGENE PARSONS

MICHAEL EDWARD DUNN

BARRY ROMO
USA 2010

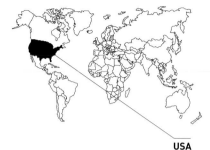

USA

„Bin ich noch ein guter Mensch?
Kann ich es noch sein?
Im Krieg musste ich sechs Menschen töten."

„Tabletten sind keine Lösung", sagt Barry Romo. Und so lässt er es meist bleiben. Nicht, dass er gelernt hätte, mit dem Dschungel fertig zu werden. Das wird ihm wohl nie gelingen. Aber er hat sich auf ihn eingestellt.

Der Vietnam-Veteran hat in seiner kleinen Wohnung in Chicago kein Bett stehen, weil ihn die Albträume nachts über die auf dem Boden liegende Matratze jagen. Schon seit über 40 Jahren. Manchmal wälzt er sich dabei gegen die Bücherregale, die links und rechts aufragen und deren Inhalt meist nur ein Thema kennt: Krieg.

„Ein Bett, da würde ich fast jede Nacht rausfallen", der 62-Jährige schüttelt den Kopf. Beim Sprechen hält er sich oft scheu die Hand vor den Mund. Im Schlaf mahlen seine Zähne aneinander, Millimeter um Millimeter hat er sie abgeschliffen. Um ihn herum hängen Poster und Bilder. Kaum eines, das nicht den Krieg zum Thema hat. Eines hat ihm ein Kamerad gemalt. Ein Portrait mit Stahlhelm und weit aufgerissenen Augen. Pure Angst in dunklen Ölfarben auf Leinwand festgehalten.

Darunter steht auf dem Regal ein Foto vom Teenager Barry in Uniform. Dem damals 18-Jährigen Katholiken mit irischen und mexikanischen Wurzeln, der sich als Freiwilliger meldet. Mindestens sechs Menschen wird Barry Romo töten. Jeden Tag verliert er im Dschungel ein Stück von sich selbst. „We got brutalized", sagt der Veteran heute.

Brutalized – irgendwann hört er auf einzugreifen, wenn seine Leute vietnamesische Bauern schlagen. Als sie, meist ohne Dolmetscher, die Dorfbewohner „verhören". Eigentlich kämpft Barry Romo nur noch darum, seine kleine Truppe ohne hohe Verluste durchzubringen.

Verluste sind im Dschungel unvermeidbar. Drei seiner Männer sterben vor seinen Augen, was aus den Verwundeten wird, die ausgeflogen werden, erfährt der junge Leutnant selten. „Jedes Mal hab ich mich gefragt, bin ich ein guter Anführer? Ich war 18 und für das Leben von 45 Männern verantwortlich", sagt der 62-Jährige. Er versucht ganz sachlich zu klingen. Doch seine Stimme zittert: Als er vom nordvietnamesischen Soldaten berichtet, den sie in einem Dorf überraschen. Drei, vier, fünf Feuerstöße mit der M 16. Der Gejagte hält sich den Bauch. „Mein Gott, der Mann hat seine Därme gehalten."

Sein persönliches Kriegsende kommt mit unsäglichem Leid. Sein fast gleichaltriger Neffe wird eingezogen und fällt. „Er war ein Jahr jünger als ich. Wir sind wie Brüder aufgewachsen." Sie brauchen Tage, bis sie den Jungen aus dem Busch bergen können. Barry Romo wird mit einem Hubschrauber von der Front abgezogen. In Kampfmontur, verschwitzt und verdreckt, begleitet er den halbverwesten Leichnam in die Heimat. Sein Bruder hat sich für die Begleitung an das Pentagon gewandt.

„Der Zivilist Barry Romo trug dann lange Haare und entdeckte seine Vorliebe für riesige Burger", der 62-Jährige versucht ein trauriges Lächeln. Student Barry Romo, der sich 1969 an einem College und später an einer Universität in Kalifornien einschreibt, trägt vor allem eines in sich: Eine unbändige Wut, die sein Studium von vornherein zum Scheitern verurteilt.

Eine Wut auf Kommilitonen, „die den Krieg gutheißen – aber selbst nicht an die Front wollen". Auf alle, die nicht begreifen können, was er fühlt. Wut auf die „Kriegsmaschinerie, die weiter wütet". Am zerstörerischsten ist die Wut auf sich selber. Es ist eine simple Frage, die sich ein Veteran stellt, der sechs Menschen getötet hat: „Bin ich noch ein guter Mensch?" Romo fand seinen Weg, dem Trauma und der „Schuld" den Kampf anzusagen: Er erklärte dem Vietnam-Krieg den Krieg. Noch heute engagiert er sich als Sprecher bei der Organisation „Vietnam Veterans Against the War".

Barry Romo holt eine abgegriffene Schachtel, stellt sie auf den Küchentisch und fischt Orden heraus. Behutsam hält er sie in der Hand. Es ist ein eigenartiges Bild: Der Krieg kann nicht von ihm lassen und er nicht vom Krieg.

Der Fotograf und Autor

Foto: Wolfram Murr

Till Mayer berichtete aus über 15 Kriegs- und Krisengebieten, bei verschiedenen Einsätzen lebte er für Monate in Konfliktgebieten. Als Journalist und Fotograf arbeitet er seit vielen Jahren eng mit dem Roten Kreuz und dem Roten Halbmond zusammen.

Seine Aufgabe als Informationsdelegierter des Internationalen bzw. Deutschen Roten Kreuzes führte den Bamberger unter anderem auf den Balkan, in die Türkei, nach Sri Lanka, in den Irak und den Iran.

Ehrenamtlich engagiert sich Till Mayer beim Rotkreuz-Kreisverband Lichtenfels (Bayern) als Vorstandsmitglied und Konventionsbeauftragter. Bei der Tageszeitung „Obermain-Tagblatt" (OT) in Lichtenfels ist er als Redakteur angestellt. In seiner Heimat hat er die OT-Leseraktion „Helfen macht Spaß" aufgebaut, die in Zusammenarbeit mit dem Roten Kreuz und anderen Wohlfahrtsverbänden Bedürftige unterstützt. Als freier Fotograf und Journalist veröffentlicht er in zahlreichen Zeitungen und Magazinen.

Kontakt: www.tillmayer.de

Danksagung

Dank gilt den elf im Buch Portraitierten für ihre Bereitschaft, die Interviews zu geben, den Mitarbeitern des Roten Kreuzes und Roten Halbmonds vor Ort, die halfen, diese vorzubereiten und zu ermöglichen. Das Projekt „Abseits der Schlachtfelder" wäre nicht möglich gewesen ohne den ehrenamtlichen Einsatz zahlreicher Unterstützer: unter anderem Marjana Soltys, Olga Halema und Hotsuma Abe (alle Dolmetscher), Dr. Robert Arsenschek, der Korrekturleserin Margarete Fischer sowie der Lektorin Christiane Hartleitner. Mit sehr viel Sensibilität ging der Grafiker Christian Seuling an die Umsetzung. Das Projekt wurde ermöglicht durch die Unterstützung des Bayerischen Roten Kreuzes, des DRK-Landesverbands „Badisches Rotes Kreuz", des DRK, IFRC, IKRK und des Erich Weiß Verlags.